AF688886

# भावनाओं की गहराई में उपजती कविता

## भीड से एकांत की और...

डॉ भारती आर्या

BookLeaf Publishing
India | USA | UK

Copyright © डॉ भारती आर्या
All Rights Reserved.

This book has been self-published with all reasonable efforts taken to make the material error-free by the author. No part of this book shall be used, reproduced in any manner whatsoever without written permission from the author, except in the case of brief quotations embodied in critical articles and reviews.

The Author of this book is solely responsible and liable for its content including but not limited to the views, representations, descriptions, statements, information, opinions, and references ["Content"]. The Content of this book shall not constitute or be construed or deemed to reflect the opinion or expression of the Publisher or Editor. Neither the Publisher nor Editor endorse or approve the Content of this book or guarantee the reliability, accuracy, or completeness of the Content published herein and do not make any representations or warranties of any kind, express or implied, including but not limited to the implied warranties of merchantability, fitness for a particular purpose.

The Publisher and Editor shall not be liable whatsoever...

Made with ❤ on the BookLeaf Publishing Platform
www.bookleafpub.in
www.bookleafpub.com

# Dedication

भावनाओं की गहराई मे उपजती कविता

भीड़ से एकान्त की ओर

हिन्दी कविता लिखते हुए कुछ लोगों को सोच-विचार करने,विषय ढूंढ़ने या लिखने की एक विशिष्ट प्रक्रिया को प्रयोग में लाने पर ही कविता का निर्माण हो पाता होगा परन्तु मेरे लिए कविता सिर्फ कविता ना होकर, सिर्फ लेखक बनने का जज़्बा नहीं अपितु भावनाओं की एक नदी है कविता, सपनो का समुद्र है कविता कविता कहाँ है कहाँ नहीं है कविता सर्वत्र विद्यमान है कविता कहना सुनने की एक प्रक्रिया है.पर मेरे बचपन के सपनों में विद्यमान है कविता ईश्वर का वरदान है,भावनाओं से परिपूर्ण है जो में उसी ईश्वर को समर्पित करती हूं वो किसी भी रूप में हमारे जीवन में विद्यमान हैं चाहे उन्हें माता पिता के रूप में ही देख लो !

# Preface

भावनाओं की गहराई में उपजती कविता :भीड़ से एकांत की ओर मेरे जीवन में कविता के महत्व को दर्शाती भावनाओं से जुडी कविताओं का यह संग्रह आपके सामने प्रस्तुत करते हुए मुझे अत्यंत प्रसन्नता हो रही है कविता हमेशा से ही मानव भावनाओं को व्यक्त करने का सशक्त माध्यम रही है और इस पुस्तक में संकलित कविताएं इसी भावना को प्रतिबिंबित करती हैं मेरे जीवन में कविता का बहुत महत्व है कविता कहना सुन्ना मुझे बेहद पसंद है मेरे लिए मेरी भावनाओं से जुड़ा एक वरदान है मैने इस पुस्तक में विविध विषयों से सम्बन्धित कविताओं को विस्तृत रूप में प्रस्तुत करने का प्रयास किया है यह मेरा पहला काव्य संग्रह है जिसमे मैंने अपनी स्वरचित कविताओं को प्रस्तुत करते हुए अपने विचारों को आप सभी पाठक -वर्ग के समक्ष प्रकट करने का प्रयास किया है मेरी पुस्तक का शीर्षक "भावनाओं की गहराई में उपजती कविता :भीड़ से एकांत की और "की विशिष्टता को दर्शाते हुए मेरी प्रिय कविताएं है -साँझ ,एक प्यारी याद ,जाल में फंसा हुआ बालक ,हम दीये जलाएंगे ,मेरे सपनों का जहान , चित्र बनते हैं बिगड़ते हैं कितने ही इन आंखों में ,तुमने खुद तोड़ दी अपनी तस्वीर ,ख़्वाहिश इत्यादि मुझे कविता से ही नहीं अपितु समग्र साहित्य से लगाव है किन्तु यहाँ बात कविता की हो रही है मैं अपने प्रिय कवियों का जिक्र किये बिना कैसे रह सकती हूं मुझे डॉ सत्यपाल सहगल द्वारा लिखित कविता पर आधारित पुस्तक दूसरी किताब प्रिय है जिसमें उन्होंने अपनी कलम द्वारा विविध विषयों पर आधारित कविताएं लिखी हैँ उनमें से मेरी प्रिय कविताएं हैँ - चाँद, लहर, दोस्त, वक़्त, व्यापक, माँ इत्यादि। अपने इस संग्रह में उन्होंने तक़रीबन 85 कविताएं संकलित की हैं। कवि की मानसिकता लोकप्रियता प्राप्त

करने से परे है। मुझे हरिवंशराय बच्चन की कविताएं बहुत पसंद हैं जिसमें उनकी मधुशाला (1935) मुझे बहुत प्रिय है जिसकी एक पंक्ति यहाँ उद्धृत कर रही हुईं -अलग- अलग पथ बतलाते सब पर में यह बतलाता हूँ ,राह पकड़ तू एक चला चल, प् जायेगा मधुशाला " अब में फिर से अपने विषय भावनाओं से जुडी मेरी कविताओं के बारे में वार्ता करते हुए पाठकों के समक्ष अपनी भावनाओं को अभव्यक्त करने का माध्यम जानकर प्रस्तुत कर रही हूं मुझे पूरा विश्वास है कि ये कविताएँ पाठक -वर्ग तक मेरी कविताओं में समाहित मेरी भावनाओं को पहुंचाने में सक्षम रहेगी मुझे पूर्ण आशा है की पाठक - वर्ग को यह पुस्तक पसंद आएगी !

# Acknowledgements


आभार

आभार बूकलीफ़  पब्लिशिंग टीम को

आभार उस भगवान का

आभार जन्म देने वाले माता -पिता का

आभार गुरुजनों का

आभार उस शख्स का जो मेरी भावनाओं के साथ इस तरह जुड़ा है

जिस तरह दिया और बाती

जिस तरह चाँद और चकोर

जिस तरह बारिश और मेघ

आभार ! आभार !आभार !

# 1. जाल में फंसा हुआ बालक

इक अँधेरी कोठरी में, बंधा हुआ हु में |

लोहे की इन जंजीरों से, जाने कौन ले आया ?
मुझे इस अँधेरी कोठरी में, मैं हूं एक अबोध बालक |
जाने क्या चाहते है ये मुझसे, किया मुझे माँ के आँचल से दूर |
बंद हूँ में, बंधा हुआ हूँ, इस अँधेरी कोठरी में |
आँखों से झरती है लगातार, आंसुओ की झड़ी |
सहम जाता हूँ कभी में अनजान आहटों से,
बंधा हुआ हूँ मैं जंजीरों से,
इस अँधेरी कोठरी में,
मैं भी हूँ उन्ही बालकों में से इक,
जिसे बनाना चाहते है ये, चोर, भिखमंगा,
या फिर खुनी हत्यारा,
थमा दिया हमारे हाथ में एक कटोरा,
और कहा जाओ मांग कर लाओ पैसा,
जो कुछ न लाये तो तुम्हे कर देंगे,
लूला, लंगड़ा |

ना पता हमें हमारे घर का,
ना पता हमें अपनी जात पात का,
ना जाने किसने हमें इस नरक में फेंका,
यह सारी यातनाएं झेलने को,
अब खुली है हमारी बेड़िया,
पैर फिर भी हम जकड़े हुए है,
उन्ही शैतानों के शिकंजे में,
जैसे दबोचती है बिल्ली,
चूहे को अपने पंजो तले,
अगर हम भाग खड़े हुए तो,एक गोली नाम हमारे भी,
लिख दी जाएगी इस तरह,
हमेशा के लिए गहरी नींद में,
सुलाया जायेगा इस तरह,
जिस से हम फिर कभी जाग न पायेगें,
पैर हाय! हे मजबूरी क्या-क्या
करवाती है,
जिंदगी की चाह हमसे क्या-क्या
खेल करवाती है,
इसी तरह इस दल-दल में
दिन प्रतिदिन मैं धसता जाता हूँ,
बंधा हुआ हूँ इन जंजीरों में,
इनसे खुद को न छुड़ा पाता हूँ,
सादा जीवन जीने की चाह किसे न होती है,
होती है पर खवाहिश ये
सबकी न पूरी होती है,
दिल की तम्मनाओं की राह मिल जाये तो,
इन बन्धनों से छुटकारा मिल जाये तो,

मेरा मन भी चाहता है,
के उड़ू आकाश का मुक्त पंछी बनकर,
कोई फ़रिश्ता आये,
जो मुझे आजाद करे इस बंधिग्रह से,
और में भी जीवन के मुक्त आकाश में
सुख की, चैन की, अमन की,
श्वास भर सकूँ अपने अन्तःसतल की गहराइयों में
और कहूँ जोर से
इन वादियों की गोद में,
मैं आज़ाद हूँ,हाँ! मैं आजाद हूँ!

# 2. मेरे सपनो का जहान

मेरे सपनो का एक जहान बनने लगा था
दूर था पर पास मुझे दिखने लगा था
मंजिल बनाया उसको अपनी ये सोचकर
तू ही मेरी यादो  का आशियाना बनेगा
जब भी गुजरती पास उसके सोचती थी
कब तू मेरे सपनो की हकीकत बनेगा
इंतज़ार करना था बड़ा मुश्किल
पर इंतज़ार रहता था हमेशा की ये इंतज़ार कब ख़तम होगा
सपनो में हमेशा तुझे ही देखा करती
तेरे ही रास्तों से होकर गुज़रती
बहार से जाना जहान ने तुझे बस एक इमारत
पर तू क्या जाने मेरे दिल की मोह्होब्बत
तू ही तो मेरी खुशियों का किनारा बना था
जब तेरे रास्तों से मेरा आना जाना हुआ था
तेरे बागों की महक अब भी है सुहानी
मुद-मुड़कर देखती हूँ ये अब भी अपनी मंजिल पुरानी
न जाने क्या है दोस्ताना हमारा
तेरे दर फिर हुआ आना-जाना हमारा
तुझको ही बनाया था मंजिल अपनी
और पाया भी ये सुहाना मुकाम तुम्हारा

तेरे संग गुज़ारे वो पञ्च वर्ष
न भूलेंगे न लोटेंगे दोबारा
पर फिर से देखा है मेने एक सपना सुहाना
तेरे ही दरिया में होगा अपना भी एक किनारा
तू ही मेरी मंजिल था,मंजिल है,मंजिल रहेगा
तू ही है मेरे सपनो का जहान प्यारा

# 3. चित्र बनते हैं बिगड़ते हैं कितने ही इन आँखों में

चित्र बनते हैं बिगड़ते हैं कितने ही इन आँखों में
आंसू झरते हैं सिमट जाते हैं कितने ही इन आँखों में
उस तस्वीर से वाकिफ है ये मगर
उस तस्वीर से चुरा लेते हैं ये नज़र

चित्र बनते हैं बिगड़ते हैं कितने ही इन आँखों में
आंसू झरते हैं सिमट जाते हैं कितने ही इन आँखों में
इक बनाया था चित्र उस खुदा ने
जिसे देख परवाना दांग रह गया
शमा क पास जाकर उसी में मिल गया
जलना ही होता है उसे शमा में मिलकर
पर चाहत न घटती है उसकी शमा के लिए
जाता है वह उसके नज़दीक उसी से मिलने के लिए

चित्र बनते हैं बिगड़ते हैं कितने ही इन आँखों में
आंसू झरते हैं सिमट जाते हैं कितने ही इन आँखों में
इक फ़रियाद आती है दिल के एक कोने से
जहाँ हो ज़िन्दगी हमारी सलामत रखे खुदा उसे
मेरा तस्वुर न हो उसे बेशक

उसका तस्वुर सताता है हर पल मुझे

चित्र बनते हैं बिगड़ते हैं कितने ही इन आँखों में
आंसू झरते हैं सिमट जाते हैं कितने ही इन आँखों में

# 4. ख्वाहिश

जो नहीं है किस्मत में क्यों उसी की ख्वाहिश रखता हूं मैं
जो चला गया है छोड़कर क्यों उसी का इंतज़ार करता हूं मैं
जिसकी नज़र नहीं ढूंढती हमें उसकी नज़र खुद पर पड़ने का इंतज़ार
क्यों करता हूं मैं
जिसने न देखा हमको मुड़कर भी क्यों मुड़कर उसको देखता हूं मैं
जो मदमस्त है अपनी ही दुनिया में
खोया है अपने ही ख़यालों में
कयूं उसकी दुनिया का इक छोटा सा हिस्सा बनना चाहता हूं मैं
कयूं उसके रास्ते से अपने रास्ते को
कयूं उसकी मंज़िल से अपनी मंज़िल को
जोड़ना चाहता हूं मैं
कयूं करता हूं हर पल हर लम्हा
उसकी एक आहट का इन्तज़ार
कयूं सुनना चाहते हैं मेरे कर्ण
उसकी मधुर पुकार
उसकी झील सी आंखों में क्यूं देखना
चाहता हूं अपनी तस्वीर
क्यूं उसकी खुशबु से सराबोर होना चाहता हूं मैं
क्यूं आखिर जो बना नहीं मेरे लिए
जो नहीं चाहता मुझे

जो नहीं बन सकता मेरी तक़दीर
उसी को खुदा से हर दुआ में मांगता हूं मैं
आखिर कयूं माँगता हूं मैं
है वो मेरे लिए मेरी ज़िन्दगी चाहे
ज़िन्दगी के इतने करीब आकर कयूं न चाहकर भी
उससे इतना दूर चला जा रहा हूं मैं
मेरा दिल कहता है एक दिन ऐसा होगा
जब वो मेरे पास होगा
उसे अपने से दूर न होने दूंगा मैं
अपनी भी सपनो की एक दुनिया होगी
होगा आशियां अपनी तमन्नाओं का
गर होगा तक़दीर में उससे मिलना
तो उसे मुझसे कोई जुदा न कर पायेगा
जब तक साँसे चलेगी मेरी
उसी का नाम मेरी जुबान पर आएगा
वो चला जाये जितनी भी दूर मुझसे
पर मेरे दिल से न निकल पायेगा
मैं हूं अकेला यहाँ तन्हाई में
पर उसकी यादों ने घेरा है मुझे हर पल
उसकी हंसी से गूंज उठी है दुनिया मेरी
उसी की हर जगह परछाई है
जब भी उसकी यादो के साये में होता हूं मैं
लगता है जैसे वो मेरे आस पास ही आई है
कभी उसकी याद जो मेरे से जुदा हुई तो
समझ लेना इस दुनिया से मेरी विदाई है
अपने आप आ जाना मेरी रुक्सती में
मिलना तो नसीब न हुआ ज़िन्दगी भर \

इस रुक्सती में तो हमने मांगी मिलने की दुहाई है
न छूना मुझे मैं कहीं फिर से जाग न जाऊं
सोया रहूं तेरी यादो की आगोश में\कहीं जीकर फिर तुमसे जुदा न हो
जाऊं

# 5. गाथा

गाथा होती है जो अतीत में, सुनते है सभी आधुनिक युग में |
माता-पिता को मान जो देता, जो है नम्र आदर सबका करता ||

झुकता न जो दुश्मनों के सामने, बहुत न जो झरने के बहाव से |
जो पथिक चलता है पथ पर, थकता न, न मुड के देखता ||

पथ के काटों को सहता जो, मुश्किलों से न घबराता |
हे पथिक बनाना लक्ष्य मंजिल को, वही तुम्हारी जीत बनेगी ||

फूल गुलाब के बनो सदा तुम, महकाओ सबके मन का आगन |
दिल न दुखाओ किसी का तुम, कटु वचन किसी से मत कहो ||

यही तुम्हारी असली जीत बनेगी, भारतवर्ष मुकुट बन के सजेगी |

# 6. गाथा-द्वितीय

नारी जीवन स्वयं एक गाथा है
जिसकी वक्ता नारी स्वयं है
अपने बलिदान,हिम्मत,शील भाव से
नारी तूने हर युग में ईक मिसाल कायम की है
तूने शालीनता दिखलाकर प्रेम के दिए जलाये हैं
और तूने जरुरत पड़ने पर धनुष,भाले भी उठाये हैं
नारी शक्ति रूप है तू,तू ही काली दुर्गा है
तू ही जन्मदात्री है ,तू ही विश्व स्वरुपा है
करूँ आरती आज में तेरी,गुण गाथा गाती हूँ
समय-समय पर तेरे अनेक रूपों की छवि याद दिलाती हूँ
तू ही सती अनुसूया है,तू ही मैत्रयी-गार्गी है
तू ही है जिसने यमराज से की लड़ाई थी
लेकर आई प्राण पति के,जीवित उसे कराया था
शान्दिलनी भी तू,मदालसा भी तू ही है
वाह नारी तेरी गाथा भी अनूठी है
लक्ष्मीबाई बन तूने अपने देश की शान निभाई थी
सन १९५७ में वह तलवार चमकाई थी
सीता बन तूने पति के पग-पग पर साथ निभाया था
उर्मिला बन तूने पति से विछोह पाया था
श्रधा बन तूने मनु को सच्ची राह दिखलाई थी

युद्ध घोष गोरों के अत्याचारों  के खिलाफ किया था तूने
तू ही बनेगी विजयलक्ष्मी,तू ही बनेगी चाँद सितारा
तू ही सवारेगी जीवन सबका,तू ही चमकाएगी भविष्य का सितारा
तेरे ही चरणों में मिलता जहां स्वर्ग है,तेरे ही कोख से
जीवन लेता जनम है
तू ही है करुना की देवी,तुझसे है पहचान संस्कृति की
नारी यही है तेरी गाथा,जिसको है हर जन गाता

नारी तूने आधुनिक युग में सभी क्षेत्रों में वर्चस्व पाया है
पूरे विश्व में तूने अपना विजय ध्वज फहराया है।

# 7. तुमने खुद तोड़ दी अपनी तस्वीर

तुमने खुद तोड़ दी अपनी तस्वीर
चूर-चूर कर दिया उसे इस तरह
जिस तस्वीर को हम आइना कहते थे
उसे इक पल में धुंधला कर दिया तुमने
दीखता नहीं अब किसी का अक्स उसमें
तुमने इस कदर  अपने आप को चूर-चूर कर दिया
की धुंधली सी याद का इक सहारा था
एक पल में मुझे उससे जुदा किया
मैंने तो तुझमें खुद को खोया है
तेरे ही प्यार में अब तक ये जीवन बिताया है
तू समझ न समझ मेरे दिल के हाल को
हमनें तो हर पल तुझे अपने दिल में समाया है
तुझे ही देखने को तरसती हैं हर पल मेरी ये आँखें
तेरी ही राह पर टिकी हैं ये निगाहें
कर रहम कभी अपने चाहने वालो पर
तू क्यु है इस तरह अपनी ही दुनिया में खो गया
छुट गए रिश्ते टूट गए बिखर कर हम
तुने न संभाला हमको अपनी बाहों का सहारा देकर
अब तो न कोई उम्मीद है,न कोई राह है,

तुने ही अपनी चाहत की वो तस्वीर ठुकराई है
तुझे न होगा अंदाजा महोबत का
क्यूंकि तुने तो हर पल दी प्यार में रुसवाई है।

# 8. सफ़र

नों कदम बाक़ी हैं सफ़र के
चलना होगा मुझे दूर तलक
सपने जो संजोये हैं,इन पलकों पर
उन्हें पूरा करना है दूर तलक

कलम पकड़ लिखना होगा इक लेख अभी
जो छाप जाये हर दिल की गहृयियोइन तलक

में हुईं इक मुसाफिर ऐसी
जिसे मंजिल तलाशनी है अभी
सफ़र पर तो निकल पड़े हैं
दसवें कदम पर मंजिल है, जिसे पाना है,
चलना है अभी दूर तलक

पहले कदम पर तो हमें
निराशा ही हांसिल हुई
दिल टूट गया
सपने बिखरे
फिर भी न में हताश हुई

दुसरे कदम पर भी ये मालूम हुआ
ये नहीं है मेरी मंजिल
न ख़तम ये फासलां हुआ

तीसरा,चोथा,जब
ये कदम रखा
तो पता चला
है चार कदम पर है वह ठंडी छाया

जब चार कदम कुछ चलने पर
मंजिल थोड़ी करीब लगी
मन मुस्काया दिल झूम उठा
मौसम ने ली फिर अंगडाई

वह रौशनी सा उज्वल
मंजिल का द्वार है अब आया
मेने अपनी मंजिल को
दसवें पग पर है आखिर पाया

इक पुस्तक पर लिखा है
देखो क्या वह लिखा मेरा नाम
सुनहरे पन्नो पर आयाम
मंजिल है,पर आयाम
कई बाकी है अब

ये सफ़र न कभी ख़तम हुआ
न होगा कभी ये चलता है

जीवन की नन्ही शुरुआत से
ये जीवन पर आकर रुकता है।

# 9. दौर

एक दौर गुज़र गया
एक दौर आने को है
कुछ जनि-पहचानी है
जो आन्खोइन से बस ओझल होने को है

करवट ले रहा है समय पल-पल में
बीत रही है ज़िन्दगी इस पल में
खो न जाये हम कहीं इस नए पल में
याद रखेंगे हम उस कल को इस पल में

# 10. फैसला

पता नहीं फैसला है ज़िदगी का क्या
किस किनारे उतरना है इसे किस किनारे है गया
पता नहीं फैसला है ज़िन्दगी का क्या मोड़ पर आये हैं ऐसे
के जाने ठहर सी गयी है ज़िन्दगी वहीँ
पता नहीं जिस पर चल रहे हैंवो रास्ता जाता है कहाँपता नहीं फैसला
है ज़िन्दगी का क्या
कभी हाँ कभी न कहता है दिल
तराजुओं के पलड़ो पर चलता है दिल
पता नहीं एक राह क्यूं नहीं चुन पाता है दिल
जो रास्ता जाता है मंज़िल की और
वो रास्ता चुनता है कहा
पता नहीं फैसला है ज़िन्दगी का क्या।

# 11. प्रकृति की अनसुनी आत्मकथा

मैं प्रकृति हूं
कुछ नहीं चाहती तुमसे
पर देती हूं अपना सर्वस्व तुमको
हाँ मैं हूं प्रकृति
मैं हूं माँ के आँचल सी छाया
मैं हूँ उत्पत्ति कृति
मैं हूं कहीं सहज़ स्वाभाविक
मैं हूं मनुष्य की बुद्धि एवं समझ से परे
हरियाली मेरी ओढ़नी है
मनुष्य के अकेलेपन की सबसे अच्छी साथी हूं
पीने का पानी
सांस लेने के लिए शुद्ध हवा
पेट के लिए भोजन
रहने के लिए ज़मीन
प्रकृति ही तो हूँ मैं
हाँ मैं ही हूं मनुध्य की साँसो में चलता जीवन
मुझसे ही मिलकर पाता है मनुष्य आनंद
मुझसे ही है मनुष्य के जीवन का साधन
ईश्वर प्रदत्त खूबसूरत वरदान हूं मैं

मनुष्य के जीवन का अविभाज्य अंग हूँ मैं
आओ मुझमें ही आनंद विभोर हो जाओ
तुम्हारा ही तो सुरक्षा कवच हूं मैं
मैं नहीं तोड़ती नियम
तोड़ता मुझे मनुष्य है
प्रकृति से छेड़छाड़ कर
मेरा करता अपमान है
मैं हूं निर्मल
मैं हूं सजल
पर मनुष्य रचता है हर पल
अपने ही काल का जाल
तभी मैं लेती हूं रूप विकराल
कहीं बाढ़ कहीं फटती धरती
कहीं गिरते हैँ पहाड़
न करो हे मानव तुम
प्रकृति से छेड़छाड़
भारती कहे आज ये
साँसो की लड़ी टूटने को है
घर उन पंछियो का छूटने को है
जीवन जीने के संसाधन समाप्त हो रहे हैं
अब भी वक्त है मानव संभल जाओ तुम
पेड़ो से करो प्यार तुम
प्रकृति का करो सम्मान तुम।

# 12. नि:शब्द

नि:शब्द है हर वो शख्स
जिसे जकड़ा हुआ है संत्रास ने
नि:शब्द है वो हर पल
जो होकर भी नहीं है पास में
नि:शब्द है वो तन्हाई
जिसकी कोई आवाज़ नहीं
नि:शब्द है वो रास्ता
जिसकी कोई मंज़िल नहीं
नि:शब्द है वह जुबाँ
जिसकी कोई फ़रियाद नहीं
नि:शब्द होकर रह जाती है वो
जैसे भीड़ में उसके पास कोई नहीं
नि:शब्द है ज़िन्दगी
नि:शब्द है वक्त
नि:शब्द है पल - प्रतिपल
नि:शब्द है रास्ते
नि:शब्द है जीवन सारा
इसी नि:शब्द ज़िन्दगी को
धकेलती सी झेलती सी
सहनशीलता की मूर्ति है वो

निःशब्द है वो आज भी
निःशब्द है वो
निःशब्द, निःशब्द, निःशब्द.।

# 13. साँझ

साँझ ढलती है सुबह आती है
तेरी याद के साथ
वो सुबह की चाय की चुस्कीयाँ
वो पल जो बिताये थे संग तेरे
एक एक लम्हा की याद
दिल की गहराइयों में समाई
है इस कदर
साँझ हां साँझ आती है
जाती है जैसे तेरे बिना
लगता है तेरी याद की चादर ओढ़े हूँ
वो हंसी, वो मज़ाक़, वो ख़ामोशी
जो बिना कहे बहुत कुछ कह जाती है
लगता है ऐसा जीने के लिए
तेरी याद ही काफी है
एहसास तेरा जुड़ा है मेरे दिल से ऐसे
जैसे मिल रहे साँझ ओर सवेरे हों जैसे
साँझ हाँ साँझ का वो समय जो तेरी याद बनकर समाया है मेरे दिल में
साँझ। साँझ। साँझ।

# 14. प्राणों की आहुति

प्राणों की आहुति से मतलब मर जाने से नहीं
प्राणों की आहुति प्रिय से बिछड़ना भी है
प्राणों की आहुति प्राणों से प्रिय से दूर रहना भी है
प्राणों की आहुति शर- शय्या भी है
प्राणों की आहुति अपनों से कुरुक्षेत्र मैं लड़ना भी है
प्राणों की आहुति उस हरेक पल में विद्यमान है
जहाँ अपनों से मिलता तिरस्कार है
प्राणों की आहुति सती का आत्मदाह भी है
प्राणों की आहुति
अपने प्रिय का असहनीय तिरस्कार भी है
प्राणों की आहुति दे रहा है हर पल, हर दम कोई
जैसे अपनत्व खो गया हो कहीं जैसे
प्राणों की आहुति सहनशीलता की अति है
प्राणों की आहुति जीवन की गति है
न देना हे प्रियजन मेरे तू प्राणों की आहुति
तेरे प्राणों मैं मेरी सांसे बसी हैँ
जीवन हर पल है तो प्राणों की आहुति
पर जीना संघर्ष की मिसाल है
मत देना तू अपने प्राणों की आहुति......।

# 15. मंजर बदलते हैं

झोंका हवा का आया और ले गया सब छीन कर
इसी हवा के झोंके ने तिरंगा लहराया था
लाया था सन्देश अपनों का, माँ का प्यार भी लाया था
इंतज़ार कर रही थी जो आँखे, उन हाथों का आशीर्वाद भी लाया था
जिसने कभी वतन की मिट्टी को छूकर हमें एहसास दिलाया था
झोंका हवा का आया था
इन लहराती फसलों की खुशबु भी लाया था
वो सन्देश, वो पैगाम, वो प्यार लपेटा आया था
एक दिन आया था वो हवा का झोंका मेरा तन मन महकाया था।
मुझको दिलाई याद वतन की
कोई नहीं था पैगाम पाने वाला वहां
एक ऐसा मंजर छाया था
हुए थे शहीद अपने वतन के लिए
ये मंज़र दिल दहलाया था
फिर से मंज़र बदल गया
नये चिराग जलाये थे
उसी मंज़र को बदलने के लिए कुछ नये जवान आये थे।

# 16. सफलता

सफलता
सफलता सिर्फ एक सीढ़ी नहीं
किसी मुकाम तक पहुँचने की
सफलता मन का विश्वास है
सफलता जीवन का आगाज़ है
सफलता बहता दरिया है
जो निरंतर बहता ही रहता है
कर्मशील बनकर मानव
सफलता पा जाता है
एक एक सीढ़ी

एक एक कदम
बढ़कर
सफलता पा जाता है

सफलता पाना गर्व की बात है

सफलता माँ-बाप का मान है
सफलता गुरुजनों का सन्मान है
सफलता सिर्फ सफलता ना होकर

जीवन का परिणाम है
सफलता। सफलता। सफलता।

# 17. टूटता सितारा

टूटता सितारा टूटकर भी जोड़ जाता है

टूटता सितारा रोकर भी हंसा जाता है
टूटता सितारा टूटता तो है
पर ख्वाब दें जाता है

टूटता सितारा बचपन की याद दिलाता है
टूटता सितारा देखकर हमने मांगी थी दुआ
उस पल की याद दिलाता है

टूटता सितारा टूटकर भी
दुआ दे जाता है

टूटता सितारा टूटकर भी
सपने दे जाता है

टूटता सितारा टूटकर भी
दो ज़िन्दगीयों को जोड़ जाता है

टूटता सितारा...........।

# 18. हमारी भारत माता

हमारी भारत माता
ये धरती है
ये अम्बर है
ये हरियाली है
ये दरिया है

जो करती हर पल देशवासियों की रखवाली है
हमारी भारत माता

हमारी भारत माता हमारी मातृभूमि है
हमारी भारत माता हरितिमा से भरी है
हमारी भारत माता संस्कृति और सभ्यता की पहचान है
हमारी भारत माता का गौरवशाली इतिहास है
हमारी भारत माता के चरणों में जो भाव है
उसकी गरिमा बनाये रखना मेरा प्रयास है
इसकी मिट्टी से उपजे इसी में मिल जाएँ
देश के खातिर कुछ ऐसा कर जाएँ
हमारी भारत माता की रक्षा का ज्ञान हो
हरेक बच्चा भारत की पहचान हो।

# 19. गहरी चोट

गहरी चोट लगा गया वो दिल को
दूर जाकर

गहरी चोट लगा गया वो
मुझको भुलाकर

गहरी चोट लगा गया वो
पास आकर

गहरी चोट लगा गया वो
फिर से दूर जाकर

गहरी चोट लगा गया वो
मेरी ज़िन्दगी से जाकर

गहरी चोट लगा गया वो मुझे रुलाकर

गहरी चोट लगी है ऐसी
इस दिल पर
जो कभी ना भर पायेगी

ना पाकर और ना उसे खोकर

गहरी चोट लगी है ऐसी
जो कभी ना भर पायेगी

गहरी चोट...............।

# 20. हम दीये जलायेंगे

ऐ दोस्त
हम दिये जलाएंगे
बस तुम साथ निभाना
इस अँधेरी रात को रोशन हम बनाएंगे
है अंधेरा माना चारों ओर
पर हम ना हटेंगे
चारों ओर उजाला हम फैलाएंगे
आओ चलें सबके दिलों के दीयों को रोशन करने
फिर ये मौका मिले ना मिले
हम मौका ना गवाएंगे

हम प्रेम का दिया जलाएंगे
हम सौहार्द का दिया जलाएंगे
हम मैत्री का दिया जलाएंगे
हम बंधुत्व का दिया जलाएंगे

और क्रोध, लोभ, मोह, ईर्ष्या रूपी राक्षसों को दूर भगाएंगे
ऐ दोस्त, हो ना तुम भी
हमारे साथ चलो
बहुत है दिल रूपी घर बाकी

हम दिया जलाएंगे
सोई हुई मानवता को फिर से जगायेंगे
कोई ना रोके आज हमें
हम दिये जलाएंगे।

# 21. एक प्यारी याद

एक प्यारी याद
एक प्यारा लम्हा
पलकें उठती हैँ झुक जाती हैँ
तेरी यादों में ये ज़िन्दगी गुज़र जाती है

पलकें उठती हैँ झुक जाती हैँ
इन्ही पलकों तले देखा है
इन आँखों ने एक अनछुआ एक ख्वाब- सा

तेरी इन आँखों की गहराइयों में
तेरी इन गुलाबी पलकों की परछाईयों में
याद है आज भी
जब इन आँखों का हुआ था दीदार पहली बार
जिनके सपने देखे हैं बार- बार
इन्ही पलकों तले इक ख्वाब बुना है
दिल हर पल तुझसे मिलने को तड़पा है।

एक प्यारी याद ..................।

www.ingramcontent.com/pod-product-compliance
Lightning Source LLC
LaVergne TN
LVHW022030200926
848481LV00007B/2631
* 9 7 9 8 8 9 8 6 5 5 8 1 5 *